AF243511

LETTRE

D'UN

PALATIN RHÉNAN AU NATIONAL.

IMPRIMERIE DE LA „DEUTSCHE VOLKSHALLE," BELLE-VUE, PRÈS CONSTANCE.

1841.

Le *National* a souvent exprimé son étonnement de ce que la presse de l'Allemagne, et surtout les patriotes de ce pays attribuent à la France des projets d'envahissement de la rive gauche du Rhin, et appellent la patrie à s'élever de nouveau contre l'*ennemi commun;* il déclare que „ce sont les rois alliés qui ont „ eu l'art de persuader ces mensonges à leurs peuples, pour les tromper et les „ tenir en hostilité avec la France," et il veut „ prémunir les amis réels de la „ nationalité allemande contre ces déplorables prédications," qui ne sont, dit-il, que „les inspirations secrètes des Metternich et des Nicolas." Il rappelle que cent fois il a protesté contre cet esprit d'accaparement; — que cent fois il a crié, répété que la France démocratique aurait besoin, même pour exister, d'une ceinture d'*alliés,* constitués chez eux, par eux-mêmes, en vertu de ce principe de la souveraineté du peuple qui est le dogme fondamental de sa foi; qu'il a publié jusqu'à satiété, que ses alliés étaient l'*Allemagne,* l'Italie etc., tous les peuples enfin de l'Europe, pour lesquels la révolution conquérait l'indépendance.

Et, en effet, ce n'est pas d'aujourd'hui seulement que les organes de la démocratie française proclament ces principes; quand, il y a neuf ans, la question reproduite dernièrement par la brochure de M. Venedey (*National* du 13 Nov.) fut posée une première fois aux représentans d'alors de votre parti national, ils y répondirent par un manifeste non moins explicite et formel: „ Les patriotes „ français, écrivirent-ils, reconnaissent et proclament, comme but essentiel de „ l'alliance des peuples, l'indépendance et la nationalité des peuples; — La „ France libre veut votre délivrance et n'a pas besoin d'agrandissement; — in- „ sensée, si elle voulait s'agrandir! insensé celui qui voudrait lui inspirer cette „ ambition pernicieuse! — Oui, sa situation lui suffit, et sa plus belle destinée

„ lui paraît être de ne pouvoir plus faire pour elle-même rien qui ne soit en
„ même temps utile aux autres peuples. Nous sommes donc étonnés d'appren-
„ dre, que la calomnie répandue par nos oppresseurs a trouvé croyance chez
„ vous, et que l'Allemagne se défie des intentions de la propagande française ;
„ — rejetez donc loin de vous ces funestes mensonges etc.‟ Ces paroles, qui
ne sont que la *re*-traduction de quelques lignes d'une traduction allemande, pu-
bliée dans le N.⁰ du 17 Mars 1832 de la *Tribune allemande*, ne donnent qu'une
idée imparfaite de ce qu'il y a de modération, de justice et de désintéressement,
dans le langage de l'original français, dont l'auteur vous est d'ailleurs bien
connu.

Et malgré ces programmes solennels du *respect des nationalités* et de l'hor-
reur des conquêtes, professés si souvent par la démocratie française, il n'en est
pas moins incontestable aujourd'hui, que, non pas „ certains esprits‟ seulement,
où „ quelques poètes emportés sur les ailes de la Prusse et de la Bavière‟ —
mais l'Allemagne toute entière partage avec ses plus ardens patriotes la conviction, que *tous* les partis de la France, et surtout celui, dont *le National* est
l'organe, convoitent plus ardemment, que jamais, la conquête des contrées alle-
mandes de la rive gauche du Rhin ; que ce dernier parti y aspire si passionné-
ment, qu'il en fait une question de vie et de mort, et que, selon lui, la France
va „ étouffer,‟ si elle ne se hâte de rompre cette intolérable étreinte des frontières de 1815 !

Si cette conviction de l'Allemagne et surtout de ses patriotes est due aux
inspirations artificieuses des rois, ou si elle est puisée à une source que le *National* ne saurait tenir pour suspecte, c'est ce que personne ne pourra nous en-
seigner mieux que le *National* lui-même.

„ Mais, où donc, s'écrie-t-il, voyez-vous l'ennemi ? qu'on nous montre donc
„ quelque part les traces de cet esprit d'envahissement et de conquêtes immo-
„ dérées ; qu'on nous dise, quand nous avons été infidèles à nos convictions au
„ point de prêcher encore la politique fatale de l'Empire ?‟

Cet ennemi, cet esprit d'envahissement, cette infidélité de conviction et ce
retour incessant à la politique fatale de l'Empire, ils nous apparaissent avant
tout — dans vos propres colonnes ; ils y apparaissent d'autant plus saillans, qu'à

travers l'ostentation des principes généraux du respect des nationalités, de l'é-
galité, de l'indépendance des peuples etc. ils éclatent sans cesse dans un con-
traste plus odieux. Faut-il en citer les preuves? elles abondent et l'on peut
mettre au hasard la main sur vos feuillets, sans courir d'autre chance que d'en
manquer les plus fortes; en voici quelques exemples, pris seulement dans l'es-
pace de peu de mois.

Dans un premier article vous dites:

„ Est-ce à dire que la France conserve l'*esprit de conquête* en Europe?
„ qu'elle veuille inquiéter les nationalités, absorber les peuples? *Nullement;* —
„ la France est assez forte de son vaste territoire, de sa brillante population:
„ — — c'est pour celà *qu'elle repousse les envahissemens de l'Empire*[1]."

Voilà donc l'esprit d'envahissement et les conquêtes bien positivement ab-
diqués; mais, à quelques semaines de là, voici comment vous constatez votre fi-
délité à cette conviction: „ —Eh! *non*, sans doute, *la France n'a rien abdiqué,*
„ *ni des conquêtes* de sa révolution, ni sa grande initiative etc.[2]!"

Ou bien, est-ce trop exiger, que de demander une persévérance de six
semaines, même quand il s'agit de principes aussi fondamentaux? Mais alors, au
moins dans le moment, où vous les professez, on vous y verra conséquent?

Essayons. — Voici un autre article, où vous dites:

„ —Cette révolution que la France a naturalisée chez elle, *est pure, au-
„ jourd'hui, de l'esprit d'accaparement. Elle n'envahira plus,* — — elle n'absorbera
„ plus les nationalités. — —*La révolution n'est donc pas la conquête;* c'est pour
„ toutes les nations le droit de s'appartenir, de disposer d'elles-mêmes etc.[3]."

Sous l'impression de cette profession de foi juste et modérée, nous tour-
nons le feuillet: mais, voici qu'à la page suivante vous offrez à l'admiration de
vos concitoyens la lettre d'un *patriote,* ainsi conçue:

„ J'offre de déposer, tous les ans, au ministère de la guerre une somme
„ de 500 frcs. à la condition *que la France ira planter son drapeau sur nos an-
„ ciennes limites,* et ne déposera les armes que quand elle les aura fait reconnaître."

---

[1]) *National* du 18 Sept. 1840.

[2]) *National* du 2 Nov. 1840.

[3]) *National* du 3 Oct. 1840.

Vous conviendrez que des principes, dont la fixité s'écroule dans l'intervalle d'une page à l'autre, justifie peu la fière indignation avec laquelle vous en appelez à l'immuabilité de vos convictions.

Vous opposerez, peut-être, que ce n'est point par quelque fait isolé, qui a pu se glisser par mégarde dans le corps d'un journal, qu'il est juste d'en juger l'esprit; que les articles raisonnés seuls manifestent cet esprit et constituent la rédaction propre du journal; et, sur ce fondement, vous nous renverrez avec assurance à ces protestations réitérées:

„ — Nous le répétons encore une fois et de la manière la plus nette: non, „ la France démocratique n'est pas la France de l'Empire; non, les générations „ nouvelles n'ont pas l'enivrement des conquêtes; — *qu'on nous dise quand nous* „ *avons été infidèles à nos convictions au point de prêcher encore la politique fatale* „ *de l'Empire!* [4])"

A cette haute assurance, à ce défi formel il est juste de ne répondre que par des paroles d'un poids incontestable: — par les vôtres. Un journal anglais avait reproché au parti républicain en France de vouloir l'alliance russe: voici ce que répondit le *National:*

„ — Que les Anglais ne viennent donc pas accuser un parti qui est toujours „ resté pur d'alliances antinationales, et *qui prend ses règles de politique exté-* „ *rieure dans la conduite de Louis XIV*, de la Convention et de *Napoléon!* [5])"

Le *National*, sans doute, ne se souvenait plus de son défi, lorsqu'il y répondit lui-même aussi victorieusement; la voilà bien positivement proclamée, la politique fatale de Napoléon; et, comme si ce n'était là point assez encore, vous y joignez même celle — comment la qualifier? — de cet autre *grand homme*, qui éleva au rang des règles de sa politique extérieure — et particulièrement à l'égard des contrées qui nous occupent, — des procédés qui, autrement, ne sont pratiqués que par les forbans et les incendiaires.

Mais, après tant de protestations contre tout esprit d'envahissement, l'appel à la conduite de Napoléon et du grand-roi, ne doit-il exprimer que l'idée de dignité nationale, d'indépendance de l'étranger; et non pas l'avidité des con-

---

[4]) *National* du 17 Nov. 1840.

[5]) *National* du 10 Déc. 1840.

quêtes? — Nous ignorons si c'est là ce que le *National* a voulu dire, mais voici ce qu'il a dit:

„ — La France a le *devoir de s'emparer de tout point stratégique* qui puisse „ préserver son territoire[6].“

Voilà qui, au premier aspect, paraît fort difficile à concilier avec votre respect religieux pour les nationalités: mais vous avez prévu l'objection, et fidèle, cette fois, à vos généreuses doctrines, voici comment vous savez pleinement rassurer l'Allemagne:

„ Nos principes (— vous l'avez dit cent fois —) répugnent à toute violence „ faite aux nationalités; et si — — nous sommes forcés de prendre sur le Rhin „ une position militaire indispensable, — *nous ne prétendons ni violenter, ni con-* „ *quérir; les provinces de la rive gauche décideront elles-mêmes* de leur sort — — „ elles choisiront elles-mêmes le centre politique dans lequel elles voudront „ entrer, — —et nous espérons que les docteurs comme M. Wirth nous donneront „ la liberté de les *consulter!*“

Certes, c'est là procéder loyalement! et lorsque vous irez, à la tête de quelques cent mille hommes, *consulter* les provinces rhénanes sur le choix de leur sort, elles auraient au moins aussi mauvaise grâce de ne pas reconnaître le respect professé pour le libre arbitre, que n'eut eu Gil-Blas de Sentillane, — quand, au coin d'un bois, l'honnête Caballero, l'escopette appuyée sur une branche, lui présenta son humble requête.

Mais, après tout, cette insistance à repousser toute idée du retour de la domination française vous paraît de la part de l'Allemagne, et surtout des provinces rhénanes, une ingratitude et presqu'une offense envers cette supériorité civilisatrice que vous vous connaissez, et à laquelle votre Empire les avait généreusement associées: „Le roi de Prusse, dites-vous, et le roi de Bavière évoquent „ contre la France les souvenirs de conquêtes: — comme si la conquête, après „ tout, n'avait pas été pour les bords du Rhin *un immense bienfait!*“ et exaltés par le souvenir de ce „magnifique passé“ vous proclamez le retour prochain de ses „brillans résultats“:

„ — Tout notre passé va renaître avec ses prodiges; — tous les peuples, nos

---

[6] *National* du 17 Nov. 1840.

,, voisins, *protégés*, *émancipés par nous*, faisant entendre autour de notre pays *le*
,, *cantique de la reconnaissance !*[7]) "

Cette protection, cette émancipation des peuples de l'Allemagne, cet *immense bienfait* qu'ils doivent à votre conquête, et ces cantiques de reconnaissance que vous vous croyez en droit d'en attendre, — ce sont autant d'erreurs *immenses* et de déplorables illusions ! essayons de vous détromper, même sans espoir d'y réussir ; car les erreurs volontaires, les illusions de la vanité ne cèdent guères, même à l'évidence.

L'Allemagne, au lieu de vous devoir l'affranchissement et l'émancipation, ne doit qu'à vos triomphes la destruction de ses libertés et le premier établissement du pouvoir despotique sur son territoire. Avant les rois, ducs et princes de la *Confédération du Rhin*, ce ,, brillant résultat des prodiges de votre passé, " aucune contrée de l'Allemagne n'avait connu le gouvernement absolu : en Autriche et en Prusse, en Bavière et dans la Saxe, dans le Hannovre et dans le Wurtemberg et dans l'infinité de ses autres territoires, des *États provinciaux*, comprenant toutes les classes propriétaires du sol, constituaient un pouvoir de surveillance, de protection et de résistance à l'arbitraire tout autrement puissant et efficace, que cette triste déception des chambres modernes d'imitation anglo-française ; ces États non-seulement accordaient ou refusaient librement les contributions, mais encore, quand ils en accordaient, ils s'en réservaient eux-mêmes l'administration et l'exerçaient par leurs délégués ; et leur participation au gouvernement ne se bornait point aux finances seules, tous les intérêts majeurs étaient de leur ressort : les conseils d'état se composaient le plus souvent de membres pris dans leur sein ; leur autorité arrêtait les conflits entre les princes, ils décidaient sur les prétentions des concurrens, ils concluaient ou garantissaient les traités, ils réglaient les successions, exerçaient la régence pendant les minorités, ils élisaient des dynasties nouvelles ; et ces grands pouvoirs ils ne les exerçaient point en vertu d'une délégation ou d'un *octroi* de la part du prince ; ces droits émanaient de leur libre autonomie, étaient stipulés et reconnus dans des contrats solennels, et ce qui est le plus important encore — garantis formellement par le droit de *résistance armée* contre tout essai d'infraction de la part du prince, d'après l'aveu et le consentement explicite de ce dernier ; et l'histoire de l'Allemagne connaît

---

[7]) *National* du 8 Oct. et 18 Nov.

plus d'un cas de l'exercice efficace de ce droit formidable, dont l'idée seule épouvanterait ces pâles autorités représentatives de nos jours.

Et encore n'etaient-ce point là les territoires les plus libres de l'Allemagne, et sans parler des démocraties pures des époques antérieures, telles que la Frise, les Ditmarses et des petits territoires de Hauenstein, d'Urzig et quantité d'autres, — sans remonter jusqu'à la Suisse et à la Hollande, qui pourtant ne cessèrent qu'au dix-septième siècle de faire partie de l'Allemagne, — celle-ci contenait, jusqu'à l'époque de la révolution, des villes libres sans nombre, même des bourgs et des villages libres, qui tous jouissaient en réalité de cette indépendance souveraine, dont quatre villes seulement ne conservent plus aujourd'hui que le nom; quant aux populations agricoles des contrées, où elles ne s'étaient point maintenues dans cette entière liberté, elles avaient conservé, jusqu'à la fin de l'Empire germanique, une sorte d'indépendance communale, régie par des statuts de leur propre création (Mark-Recht), qui les établissaient législateurs et juges de tous les intérêts essentiels de leur vie privée; ils s'assemblaient tous les ans, et contradictoirement avec le mandataire du souverain territorial, ils récapitulaient et faisaient reconnaître les droits et les obligations réciproques; ils exerçaient par leurs *scabins* librement élus la juridiction civile et pénale qui sanctionnait ces statuts.

Telle était, dans un apperçu bien superficiel et incomplet, la vie politique intérieure de l'Allemagne, lorsqu'elle fut entamée par vos conquêtes; voici quels furent alors les *immenses bienfaits* qu'elles y répandirent, et dont vous réclamez aujourd'hui la récompense: les contrées du Rhin, agglomérées à l'empire français, se virent arrachées à la nationalité allemande sans s'associer jamais à celle de la France, dont le passé, étranger ou hostile, n'était pour elles que la tradition des invasions incendiaires du *grand-roi*; et dont le présent ne consistait pour elles que dans l'anéantissement de toute existence propre — de toute personnalité civique — de la commune, dans le déchirement et l'amalgame des territoires en circonscriptions arbitraires, où nulle trace des droits antiques et des garanties acquises ne survivait; assimilées *de nom* à la France, dans le *fait* elles n'en furent que les *provinces*, dans toute l'acception romaine du mot, c. à d. un pays vaincu et conquis, et la France les traitait comme Rome avait traité les siennes.

Le tableau des calamités que leur infligèrent alors une administration ignorante et rapace, une magistrature, dont la corruption est devenue proverbiale dans ces contrées, un fisc écrasant et vexateur qui décuplait le fardeau et l'odieux des anciennes charges, et pardessus tout la rage guerrière du *grand homme*, dévorant la population et semant le deuil dans toutes les familles, — ce tableau désolant je n'essayerai pas de le retracer; mais croyez-le bien, il est vivant encore dans le souvenir de ces *provinces* que vous avez, comme vous dites, „remuées et émancipées" et auxquelles vous en demandez des hymnes de reconnaissance!

Parmi les immenses bienfaits de votre conquête il en est un, pensez-vous, qui, fût-il le seul dont ces contrées vous soient redevables, n'eut pas été payé trop cher même au prix de tant de calamités: c'est „l'affranchissement du joug féodal." Détrompez-vous; il en est de ce bienfait comme de tous les autres. La féodalité, telle que la France l'a connue et abolie, la féodalité du servage et de l'abjection personnels, n'a jamais existé dans les contrées du Rhin; pas plus que dans le reste de l'Allemagne, à l'exception de quelques unes des provinces conquises sur les Slaves; et même là le servage légal était tellement adouci dans le fait, qu'on a vu de ces populations serves, comme p. ex. en Lusace, refuser l'affranchissement de cette servitude purement nominale, dans lequel elles voyaient moins une délivrance de leurs *maîtres*, qu'une privation de leurs *protecteurs*.

Mais si la féodalité, telle que vous l'avez abolie en France, n'existait ni de nom, ni de fait dans les contrées du Rhin, par contre celle qui y existait très-réellement, celle des redevances seigneuriales, des *rentes foncières*, que, là comme partout, l'abus de la puissance et plus encore les pieuses usurpations des prêtres n'étaient que trop parvenus à imposer aux populations, — cette féodalité, non-seulement votre conquête ne l'a pas abolie, mais encore votre fisc l'a-t-il aggravée et exploitée avec une avidité sans exemple; seulement, un décret (du 9 Vendémiaire, l'an XIII.) déclara que ces redevances, féodales en France, ne l'étaient pas dans les départemens conquis; et sut, par cet admirable expédient, conserver à la fois et les principes et les profits. Alors les „découvreurs de rentes" entrèrent en campagne: ils fouillèrent toutes les archives, surent retrouver les vieux sommiers, arracher des aveux aux anciens des communes, et renouveller ainsi les titres de toutes les redevances, jusqu'au dernier grain de blé; puis le fisc se mit à trafiquer avec ces titres : il en fit le „transfert“ à des spéculans avides et étrangers, qui, n'ayant nul intérêt à ménager les débiteurs, les exécutaient avec la dernière rigueur; ceux-ci recoururent aux tribunaux; mais condamnés dans toutes les instances, et cruellement châtiés de quelques essais de résistance auxquels les avait poussé l'opinion „que le régime français avait aboli les droits féodaux,“ n'eurent enfin d'autre ressource que de sacrifier une partie de leur fortune pour affranchir le reste et se racheter d'une exaction intolérable, à des prix modernes dix fois plus élevés que ceux auxquels, anciennement, ils auraient pu obtenir leur libération.

Tels ont été les bienfaits dont vos conquêtes ont fait jouir les contrées du Rhin incorporées à la France; ceux que vous doit le reste de l'Allemagne n'ont pas été moindres.

Le premier acte par lequel votre „grande initiative libératrice“ s'exerça sur l'Empire germanique, ce fut l'*anéantissement de son existence*. Sous les auspices de la *République française*, sympathiquement d'accord avec la *Russie* (dont l'alliance, aujourd'hui, vous sourit de nouveau), fut accompli le déchirement de l'Allemagne, le partage de ses populations comme d'un bétail, distribué à ses rois et princes, pour les récompenser d'avoir trahi et livré à l'ennemi la partie la plus nationale du sol de la patrie.

Alors votre „grand homme“ vint achever les bienfaits de cette *initiative* : il mit d'abord de côté les trésors et les domaines enlevés aux „tyrans,“ dont il avait affranchi l'Allemagne; — les millions furent enfouis dans les caveaux des Tuileries, et les domaines distribués en fiefs à ses généraux. Puis, avec cette haute simplicité de moyens qui caractérise les actes du génie, il sut organiser le reste des provinces „affranchies“ en royaumes et en confédérations d'états, comme on organise des régimens et des brigades : il ne s'agissait que d'appliquer à tous le cadre modèle du grand-Empire; faire disparaître la diversité des intérêts, des droits acquis, des origines même sous un uniforme identique; régir la vie intérieure de cent peuples divers par un même code, — comme le service de cent bataillons par un même règlement; puis, à chacun un grade et un nom nouveaux, — et l'admirable régénération était achevée ! — Mais les froissemens de ces amalgames contre nature? les ressentimens des droits violés, les résistances instinctives, les réactions enfin, — comment concilier, appaiser tant de griefs? — Difficultés mesquines! aux raisonneurs — l'exil ou les oubliettes; aux patriotes — c'est-à-dire aux ,,rebelles" et aux ,, brigands" les balles des commissions militaires; partout l'arbitraire et la force: voilà le secret simple et sublime du génie ,,organisateur!" — Et il se trouva des rois et des princes qui acceptèrent avec empressement la préfecture de ces états-*départemens*; valets rampans du grand-homme, pour être à leur tour despotes absolus de leurs peuples, ils les exploitaient à merci, payant au ,,Protecteur" la dîme du sang; et quand une longue imitation du maître les eut rendus rois achevés, ils s'acquittèrent royalement envers lui, au jour de ses désastres, — en passant à l'ennemi, pour l'écraser en commun. — Seule reconnaissance qu'eussent méritée de *pareils* bienfaits!

Après, ils s'allièrent *saintement* entre eux, pour se garantir réciproqement la jouissance gratuite de la tyrannie, sans en acquitter désormais la redevance à un protecteur étranger; cette assurance mutuelle ils l'exercent fidèlement d'après les procédés que leur avait enseignés le maître: c'est son inquisition politique qui remplit leurs cachots;—*ses* commissions secrètes qui jugent, c.-à-d. qui condamnent; c'est *son* code, le Code *pénal*, — le seul qui soit vraiment de *lui* et qui devrait porter son nom, — qui dicte encore sur les bords du Rhin l'exil et la confiscation, et sait atteindre jusqu'à la pensée qui échapperait aux autres législations. C'est ainsi que les créations du grand organisateur lui survécurent en Allemagne: elle lui dut l'affranchissement, l'émancipation, la souveraineté... *de ses rois;* c'est là ce qu'elle lui doit encore jusqu'à ce jour!

Tels sont les bienfaits que répandit sur l'Allemagne votre ,,grande initiative," et surtout l'homme en qui vous reconnaissez la plus glorieuse personnification de la France vis-à-vis de l'étranger; et quand vous proclamez avec orgueil que c'est dans *sa* conduite et celle de Louis XIV que vous prenez les règles de votre politique exterieure, vous êtes étonnés que l'Allemagne et ses patriotes vous en témoignent leur indignation? Vous voulez voir là les inspirations du roi de Prusse et du roi de Bavière? — repousser l'insolent mépris de la nationalité, l'avidité incessante d'envahissement et d'usurpation, c'est, dites-vous, être l'agent des Metternich et des Nicolas? — on ne sait, vraiment, si c'est votre pénétration ou votre loyauté qui est, ici, plus particulièrement remarquable!

„Mais, dites-vous, *à l'époque de 1830*, les patriotes allemands auraient „traité comme un vil agent des gouvernemens oppresseurs l'homme qui aurait „osé dire qu'il faut que toute la nation allemande se lève contre l'ennemi com- „mun:" — à *cette* époque, oui; à l'époque de vos *glorieuses journées* la nation allemande, comme toutes les nations, a salué avec sympathie le peuple français, qui venait d'accomplir avec autant de modération que d'héroïsme, un grand acte de justice nationale: oui, alors les patriotes allemands n'auraient vu qu'un agent des gouvernemens oppresseurs dans celui qui eût appelé l'aggression contre le peuple de Juillet; se bornant à exercer le droit qui appartient à chaque nation, de régler elle-même sa destinée, il paraissait respecter l'indépendance des autres autant qu'il faisait respecter la sienne, et mériter cet éloge que Tacite a fait d'une tribu germanique: „populus nobilissimus, qui magnitudinem suam „malit justitia tueri, *sine cupiditate*, sine impotentia[8])." Mais ces jours de glo- rieuse modération, ces jours du *peuple* durèrent peu, le lendemain des ambitieux succéda, et bientôt l'envie revint de reconquérir — moins les sympathies que le territoire des peuples voisins. — „On vous y invita," dites-vous? „il est certain „qu'après 1830 tout ce qu'il y avait de patriotes allemands appelaient le „drapeau tricolore sur la rive gauche du Rhin[9])." — Quel aveuglement de la vanité! — la sympathie fraternelle des peuples pour votre délivrance, vous la traduisez aussitôt en une abnégation abjecte de leur propre nationalité? Vous féliciter, vous tendre une main amie, ne peut signifier à vos yeux qu'un appel à la domination? Mais s'il est certain, comme vous dites, que c'était une invita- tion à la conquête que vous adressèrent alors les patriotes allemands, et non pas une protestation énergique contre toute velléité d'invasion, comment ex- pliquez-vous cette réponse de vos représentans d'alors, citée plus haut: „nous „sommes étonnés que la calomnie répandue par nos oppresseurs a trouvé „croyance chez vous, et *que l'Allemagne se défie des intentions de la propagande* „*française*: — rejetez donc loin de vous ces funestes mensonges!"

Ainsi donc, soit que vous flattiez la France de la chimère que les contrées du Rhin lui tendent les bras, soit que vous protestiez envers celles-ci de votre

---

[8]) Tac. Germ.

[9]) *National* du 17 Nov. 1840.

modération et du votre respect pour l'indépendance de la nationalité des peuples, ce sont toujours vos propres paroles, ou celles des vôtres, qui vous démentent constamment; et la seule vérité qui à travers vos efforts vienne toujours se trahir, c'est celle de ce désir inique d'envahissement et de conquête, qui soulève contre vous l'indignation de l'Allemagne.

Il est vrai que cette odieuse avidité cesse de vous paraître telle, dès que c'est vous qui vous y abandonnez; alors tout change, et ce qui est inique pour tout autre peuple, devient glorieux et grand, dès qu'il s'agit du peuple *civilisateur*. — Un journal anglais s'était exprimé de la manière suivante: ,,les circon- ,, stances sont telles, qu'il ne faut plus qu'un simple effort de la Grande-Bre- ,, tagne pour qu'elle s'approprie tous les domaines du Penjab, de Lahore, de ,, l'empire du milieu et de l'Afghanistan;" — à la suite de ces mots vous déclarez:

,,Cette exclamation ambitieuse n'aurait rien que de *noble et de grand*, si ,, elle échappait *à un peuple enorgueilli par d'éclatantes victoires et fier de pro- ,, mener son drapeau au milieu des nations*, en leur donnant en échange de leurs ,, défaites les bienfaits de la liberté et de la civilisation; — malheureusement, les ,, vues de l'*Angleterre* ne sont pas aussi hautes; si elle porte ses armes sur des ,, territoires — c'est *pour vendre* ses étoffes — c'est pour avoir le monopole de ,, l'*achat* du thé etc."

Et cette guerre-là, vous la qualifiez ,,d'avidité insatiable et de mépris cy- ,, nique des droits des nations[10]:"

Voici, maintenant, dans les colonnes du *National*, ,,ces exclamations pleines ,, de noblesse et de désintéressement, échappant au peuple fier de promener ,, son drapeau au milieu des nations" — non, sans doute, pour *vendre* et *acheter* commme cette ignoble Angleterre, mais pour répandre à pleines mains les bien- faits de la liberté et de la civilisation:

,,*La guerre à la frontière du Nord!*... c'est le cri de quiconque, en France, ,, sent dans sa poitrine battre un cœur d'homme! — *La guerre au Nord!*... c'est ,, le cri de quiconque obéit encore à quelque instinct de nationalité!... *La* ,, *guerre au Nord!*... mais ce devrait être le cri de tous ceux qui font profession ,, — *de vendre et d'acheter!* — deshérités que vous allez être, par les manœuvres

---

[10] *National* du 10 Janv. 1841.

„ de la Prusse, *du bénéfice inestimable d'être les facteurs de l'étranger*, vous resterez
„ au moins sans doute les maîtres *d'exporter vos propres produits...?* — Non,
„ non; les chaînes ne sont pas rivées à demi: — partout la Prusse est là avec
„ ses alliances, — prête à fermer les portes: — ainsi, par le fait de la Prusse,
„ dans quelques années — *plus de transit* à travers la France, *plus d'issue à nos
„ produits indigènes!!..* — Et vous, dont la Prusse prépare la ruine, vous ou-
„ blieriez... que les boulets de SES ALLIÉS ont entamé votre pavillon!...

 „*Ah, félicitons-nous plutôt* qu'ELLE ait fourni un *motif légitime à une attaque
„ de notre part!* — *que nos bataillons*, si pleins d'ardeur, *que nos populations im-
„ patientes* soient rapidement portés *sur le Rhin*, — là nous avons une *question
„ d'honneur* à vider: la — doit être tranchée la question de *vie ou de mort* — de
„ notre commerce et de notre industrie! La guerre au Nord!!* ou, prenez garde,
„ *il y a trahison dans le pays!* [11]“

Quand vos propres colonnes retentissent des cris sauvages d'une cupidité
aussi ignoble, aussi éffrénée, vous avez bonne grâce, vraiment, à reprocher à
l'Angleterre son avidité insatiable, son mépris cynique des droits des nations!
Oui, cette noble indignation du *juste calomnié* qui s'écrie: „qu'on nous montre
donc quelque part les traces de cet esprit d'envahissement et de conquêtes
„ immodérées“ se trouve admirablement légitimée! et il faut toute l'astuce des
rois et des Metternich, toute la niaiserie „*myope*“ de ces pauvres patriotes
allemands pour leur faire voir un ennemi dans un peuple, ou du moins dans un
parti, si dévoué „au culte de l'honneur et de la loyauté!“

Il suffirait donc pleinement de vos propres aveux, de la contradiction per-
manente entre vos prétendus principes et les éclats de votre passion, pour dé-
montrer à l'Allemagne combien *la conquête des bords du Rhin* est votre préoccu-
pation de tous les instans; mais quand, en outre, ce mot d'ordre de la *démocratie*
est commun aux partis les plus disparates; quand il n'en est aucun qui, pour
évoquer les sympathies nationales, ne parle de „déchirer les traités“ et d'aller
reconquérir les „frontières naturelles;“ que le légitimiste [12] se rencontre sur
ce terrain avec le bonapartiste; qu'il n'y a pas jusqu'au „grand orateur“ dyna-
stique qui, au sujet des fortifications de Paris, ne se soit fièrement écrié: „*je ne
„ suis pas obligé de rassurer l'Europe:* je dirai que ce n'est pas seulement un moyen

---

[11] Lettre d'un *patriote* dans le *National* du 13 Oct.
[12] Disc. du-duc de Noailles du 6 Janv. 1840 à la chambre des Pairs.

„ de puisssance défensive, *c'est aussi un moyen de puissance aggressive* [13]) ;“ quand, en un mot, les deux extrêmes et le milieu s'unissent, en France, pour aller planter en commun leurs drapeaux sur le Rhin, alors il faudrait effective- ment que l'Allemagne fut aussi dépourvue de sens que vous le dites, pour ne pas voir l'ennemi là… *où il est.*

Cet ennemi, c'est la *Russie*, dites-vous, et avec une généreuse pitié vous vous écriez : „ pauvres myopes, essayez de voir cet ennemi que vous touchez : „ prêchez l'insurrection contre lui, vous ferez œuvre de bon sens et vous mon- „ trerez quelque portée politique.“

—La Russie, effectivement, est un autre ennemi de l'indépendance de l'Allemagne ; et pour le prouver il suffirait déjà de ce fait seul, que l'on prêche en France, en plein parlement, l'alliance russe ; et que, moyennant certaine distinction entre la question des *territoires* et la question des *principes*, l'honneur de ces derniers étant sauf, les profits que pourrait promettre l'alliance cosaque sont parfaitement goûtés dans cette France libératrice providentielle des peuples. Mais quelque myope que soit l'Allemagne, elle n'avait pu s'empêcher de voir cet autre ennemi, des années avant que le *National* n'eut eu la générosité de le lui faire remarquer ; et les nombreux écrits des publicistes, les vives discussions des journaux que cette question a provoqués en Allemagne, surtout depuis l'appari- tion de la fameuse *pentarchie européenne* aurait pu instruire le *National*, — si le *National* pouvait descendre jusqu'à s'instruire dans la presse allemande.

Oui, l'indépendance et l'intégrité de l'Allemagne ont *deux* ennemis ; et ni les artifices de la diplomatie vantée de l'*un*, ni les protestations mensongères de l'*autre*, ne l'empêcheront de les bien reconnaître et de paralyser leur mauvais vouloir ; et dussent-ils réunir leurs efforts et se garantir mutuellement de futures dépouilles, dût même l'Allemagne, comme dans ses plus mauvais jours voir en- core s'unir à eux un troisième ennemi, — plus desastreux, plus criminel, nourri dans son propre sein, — quelqu'un de ses rois, traître à la patrie, pour en par- tager de nouveau la proie avec l'étranger — l'Allemagne, régénérée aux sources de son glorieux passé, redevenue grande, forte et une au jour de son dernier danger, saura faire face à tous ses ennemis ; puissent-ils alors être réunis tous, afin que son glaive juste et victorieux les atteigne à la fois, et que, pu- rifiant son sol de l'oppression indigène, comme de l'invasion étrangère, elle y relève pour toujours ses droits antiques, sa liberté originaire ; *jus patriœ, liber- tatem avitam !*“

---

[13]) Disc. de M. Odilon Barrot du 28 Janv. 1841.